规矩

杜赢◎编著

的背后是
爱和自由

四川教育出版社
·成都·

图书在版编目（CIP）数据

规矩的背后是爱和自由 / 杜赢编著 . — 成都 : 四川教育出版社，2023.12

ISBN 978-7-5408-8805-3

Ⅰ. ①规… Ⅱ. ①杜… Ⅲ. ①家庭教育 Ⅳ. ① G78

中国国家版本馆 CIP 数据核字（2023）第 231607 号

GUIJU DE BEIHOU SHI AI HE ZIYOU

规矩的背后是爱和自由

杜赢 编著

出 品 人	雷 华
责任编辑	周代林
责任校对	保 玉
责任印制	田东洋
封面设计	松 雪
出版发行	四川教育出版社
地 址	成都市锦江区三色路 238 号新华之星 A 座
邮政编码	610023
网 址	www.chuanjiaoshe.com
印 刷	唐山玺鸣印务有限公司
版 次	2023 年 12 月第 1 版
印 次	2023 年 12 月第 1 次印刷
开 本	880mm × 1230mm 1/32
印 张	6
书 号	ISBN 978-7-5408-8805-3
定 价	36.00 元

如发现印装质量问题，影响阅读，请与本社联系。

总编室电话：（028）86365120 编辑部电话：（028）86365129

目录
CONTENTS

目录
CONTENTS

目录
CONTENTS

一个家，既要有温暖，也要讲规矩

第一章

爱孩子和立规矩，从来都不是单选

家庭里不能缺少爱，更不能缺少规矩。爱孩子与立规矩，从来都不是单选，二者缺一不可。父母给孩子从小立好规矩，以恰当的方式加以引导和教育，让孩子懂得爱自己、爱家人，让孩子知道什么事情是可以做的、什么事情是坚决不能做的，这远比等孩子不听话时再生硬地打骂、管教重要且有效得多。

君子之爱人也以德，细人（小人）之爱人也以姑息。

爱是一个人前进的内在驱动力。一个不缺爱的孩子，一定是积极、乐观、向上的孩子，长大后可以更加自信、勇敢地迎接学业、事业等各方面的挑战。

一个孩子如果从小就没有规矩，没有形成行为规范，一旦进入更大的自由空间，遇到更多的选择机会，就容易因肆意妄为而酿成大错。

妈妈应该向孩子保证"我永远爱你"，但也不能忘记强调：孩子，你要对自己的行为负责，你要承担自己的行为所带来的后果。

> 孩子犯了错，父母不能姑息，应该让孩子学会承担责任，让孩子有坦然面对错误的勇气。这就是"立规矩"的意义所在。

给孩子"立规矩"最好是在孩子3岁以前，如果这时候没能给孩子"立规矩"，那么孩子大了以后就很难管教了。

有些父母过分强调"爱"，忽视"规矩"，在孩子犯了错误的时候，不引导他去改正，而一味强调"他还小，还是个孩子"。很多人就是从小这么一点一点在缺失了规矩的"爱"中堕落的。

还有一些父母认为，在孩子年幼的时候，父母的严格管教可以帮助孩子养成良好的习惯，塑造坚强独立的人格，孩子未来便会有出息。于是，当孩子犯了错误时，父母会变得格外严苛，比如不让孩子吃饭、禁止孩子出门、让孩子长时间面壁思过等。这样做不仅会破坏亲子关系，还会让孩子产生心理阴影。

缺失爱

孩子变得暴戾，大多是因为在成长的过程中被忽视，没有得到足够的爱。

没有规矩

在溺爱中成长的孩子会变得任性，无法树立起足够的规则意识，长大后自然不服管教。

规矩过严

在父母过于严苛的管教下，孩子会没有自信，一切都听从父母的安排。

爱与规矩

爱与规矩并存，才是一个家庭最好的家教。

总　结

　　爱与规矩是必须并存的，有能力的父母能够很好地平衡它们，既让孩子在一个充满爱的环境中成长，又能够培养孩子良好的行为习惯。爱与规矩就像一只木筏的两只桨，如果父母只用一只桨在一边划，那么孩子人生的木筏要么总是原地打转，无法前进，要么就是在急流之下颠覆。只有当父母把两边的桨都划起来，孩子人生的木筏才能够安全前行。

有限制的自由叫活泼，
没有限制的自由叫放肆

在教育孩子的过程中，有些溺爱孩子的父母认为，规矩会束缚孩子的手脚，剥夺孩子童年的快乐，而自由的养育则能释放孩子的天性，更有利于孩子健康成长。规矩与自由看似是两个极端，但在家庭教育中却是紧密联系、不可或缺的两个重要因素，因为没有规矩限制的自由会将孩子推向深渊，有规矩限制的自由才能使孩子养成活泼的性格。

> 有限制的自由叫活泼，没有限制的自由叫放肆；不放肆叫规矩，不活泼叫呆板。

在孩子成长的过程中，父母一定要引导孩子建立边界意识，让孩子明白界限，以及什么事该做和什么事一定不能做。规矩就能起到为孩子的行为划分界限的作用。

有些父母以为让孩子在没有规矩限制的自由中成长，是开明的教育手段，但其实这是对孩子的无形的忽视，他们会在没有拘束的环境中肆意妄为。

贪玩是孩子的天性，但父母不能一味地顺从孩子的天性，而应该告诉孩子："遵守规矩才能获得自由。"

在有规矩限制的自由中成长的孩子，性格是活泼的。这样的孩子在行事时有自己的框架，懂得在尊重他人的同时获得属于自己的快乐。

而在没有规矩限制的自由中成长的孩子，他们的行为没有纪律性可言。在父母的放纵下，他们随心所欲，不在意其他人的处境和想法。这样的教育方式并不是爱，而会在孩子的心中埋下放肆的种子。

自由与规矩是紧密相连的。没有规矩，谈不上自由；没有自由，规矩也无法实现。

自由和规矩其实并不冲突。父母对待孩子时要温柔，同时也要给孩子设立边界。不一味地管教，也不一味地放纵，让孩子习惯于遵守规矩的同时，享受适当的自由，这才是爱的正确表达方式。爱应该有底线，规矩就是底线，也是孩子人生道路上的安全线。

缺失自由

很多孩子往往因为被家长过度管教，从而失去了自由享受生活的权利。

缺乏规矩

缺乏规矩约束的孩子，常不会顾及他人的想法，只会一味地要求家长顺从自己的意愿。

规矩过严

在规矩的过度约束下，孩子会渐渐失去对兴趣爱好的追求，并在乏味机械的练习中失去自主性。

自由与规矩

自由与规矩兼具，才能够培养出活泼、有自主意识的孩子。

总 结

　　让自由与立规矩并行，是培养孩子活泼性格的正确方式。在教育孩子的过程中，父母应该根据孩子的具体情况，在宽松和严厉之间找到一个平衡点，在树立规矩的同时不剥夺孩子享受童年时光的权利，让孩子养成遵守规矩的意识，在有边界的自由中快乐成长。

立规矩的目的不是管制和禁锢，而是教育

现在，我们都清楚地知道教育的过程中规矩是必不可少的。立规矩的目的是什么呢？是把孩子培养成一个只听指令的"机器人"，还是任凭家长摆布的"提线木偶"？都不是，立规矩的目的，不是管制，更不是禁锢，而是教育，是通过立规矩的方式让孩子懂得行为的界限，让孩子在界限之内安全前行。

> 规矩是束缚，也是保护。

当父母明白了立规矩的目的是教育，意义是让孩子从内心接受某些规则并自发地遵守。那么，接下来父母就要关注在立规矩的过程中需要注意的事项。

在规矩的制订环节，父母需要注意方式方法，用平等的方式与孩子沟通，用容易被孩子理解的语言向孩子解释规矩，让孩子明白规矩存在的意义，并且制订好奖惩规则，同时要做到以身作则。

让孩子适应规矩，而不是被规矩束缚。只有用合适的方式加以引导，孩子才会在遵守规矩时获得满足感和成就感。

如果父母把管制和禁锢当成给孩子立规矩的目的，那么孩子在成长的过程中势必会感受到束缚和痛苦，这样就背离了教育的初衷，父母也不会在这个过程中收获育儿的成就感。正确的做法是实现对孩子的正面管教，让孩子在充满爱和规矩的环境中自由成长。

" 教育的最终目的不是传授已有的东西，而是要把人的创造力量激发出来，将人的生命感、价值感唤醒。"

在教育孩子时，父母应保持温柔而有边界的态度。在给孩子立规矩的过程中，父母要注意以下四项细则：一、不做专制型父母；二、在孩子遵守规矩的过程中，加以适当的引导；三、进行必要的沟通；四、必要时要转变思维，灵活变通。

在专制型父母的管教下，孩子会对学习任务和生活中出现的问题心生恐惧，从而导致思维受限。

父母的正确引导可以对孩子产生积极影响，让孩子在潜移默化中改变。

沟通的必要性

处于成长期的孩子对父母的情绪异常敏感，父母应及时、谨慎地与孩子进行沟通。

灵活变通

父母要懂得灵活变通，用柔软的方式对待孩子的反抗。

总 结

　　规矩是孩子人生道路上的安全护栏，为孩子的成长保驾护航。父母要用简洁明了的语言向孩子解释清楚规矩的意义和重要性，也就是俗称的"立规矩"，在这个过程中要讲究方式方法，让孩子在树立规则意识的同时得到充分的尊重。当然，在这个过程中，孩子的倾力配合也必不可少，而激发孩子遵守规矩的动力便是爱和自由。

宽容而非纵容，让孩子拥有自由的空间

孩子在遵守规矩的过程中会展现出笨拙的一面，这时候父母就需要用宽容之心去处理孩子出现的各种问题。在不熟悉规矩的时候，孩子难免会遇到点儿磕碰，作为父母，能够给孩子提供的最好的帮助就是，用爱和自由为他们打造坚实的铠甲。值得注意的是，父母要留给孩子成长所需的自由空间，宽容地对待孩子，但宽容并不等同于纵容。

自由应是一个能使自己变得更好的机会。

当孩子对抗规矩时，父母可能会觉得疲惫不堪，偶尔会把纵容误解为宽容，一次次地向孩子妥协。但这只能换来短暂的平静，正确的处理方式是直面孩子的问题，帮助孩子熟悉规矩、理解规矩，并在规矩允许范围内为孩子营造自由空间。

　　家长可以允许孩子犯错误，但对错误的处理上要有正确的原则，这关乎孩子正确"三观"的形成。

向往自由是孩子的天性，为安全起见，父母要培养孩子的底线意识。那么，一旦确立了底线，孩子就不会再出现越线行为了吗？并不是。因此，在为孩子营造的自由空间中，父母应允许孩子偶尔犯错误，也允许孩子偶尔顶嘴、有千奇百怪的想法，等等。父母同时应尊重孩子思维方式的自由化。

自由最重要，而自由即选择，我为我的人生做选择，就是自由。

在宽容的教育方式下，孩子会感受到有限的自由带来的快乐；在纵容的养育方式下，孩子会在无限的自由中迷失自我。父母用宽容的态度面对孩子的错误，会让孩子在试错中心智健全地成长；相反，父母一味的纵容，会导致错误持续发生，令孩子失去生活的"方向感"，逐渐迷失。因此，留给孩子自由的空间固然重要，摒弃纵容的教育方式却更加不容忽视。

划清自由的界限，让孩子在有限的自由中获取快乐，有利于让孩子更好地守规矩。

给予孩子犯错的自由，并在孩子犯错的时候引导孩子认识错误、终止错误和修正错误。

顶嘴的自由

顶嘴有时候也是一种平等交流的方式，父母需要根据实际情况给予孩子顶嘴的自由。

有千奇百怪想法的自由

允许孩子有千奇百怪的想法，再培养孩子独立思考和细心观察的好习惯。

总　结

　　在宽容的教育方式下，孩子更能体会到自由的意味，感受到自由的可贵，而不是在放纵的养育方式带来的无限自由中快乐到麻木。规矩可以将一个家庭中的爱和自由进行合理分配，让孩子在规矩、宽容、自由兼具的环境中欢快地成长，这是放纵的养育方式所不能实现的。

疼爱但不溺爱，孩子才会茁壮成长

很多人都读过《一碗牛肉面的故事》，故事中的妈妈每次带着儿子去吃牛肉面，都会习惯性地把自己碗里的牛肉全部挑出来放到儿子的碗里。小小的碗里堆满了美味的牛肉和妈妈的溺爱，儿子吃下所有的牛肉的同时，也在心中埋下了自私的种子。作为父母，要清楚地明白，溺爱不是真正的爱，而是对孩子心智的伤害。

家长不负责任的托词，只会在潜移默化中给孩子强化这样一个印象——孩子你没错。

父母想要为孩子提供足够的疼爱，却总是越过规矩行事，导致疼爱在不知不觉中变了味道，变为溺爱。这会对孩子的心智成长造成一系列的恶劣影响。

什么是溺爱呢？溺爱是对孩子的过分关注、无条件的满足和不分青红皂白的偏袒。溺爱更多发生在祖孙身上，但也是新手父母容易走进的误区。

父母或其他长辈的溺爱，会放大孩子对生活中每一个小挑战的恐惧感，导致孩子逐渐丧失勇气，成为一个畏首畏尾的胆小鬼。

疼爱可以给孩子带来安全感，但父母应该知道，在爱孩子的同时，应给予孩子规矩的限制，这样才能保证孩子心智健康发展。不被规矩限制、完全在溺爱中长大的孩子，常会无视规矩的重要性，缺乏自我控制的能力，习惯依赖父母。父母应该了解的是，对孩子而言，溺爱不是真正的爱，真正的爱应该建立在尊重和信任之上。父母应该相信孩子有正确认识饥饱、冷暖的能力，并在此基础上培养孩子的独立意识。

你知道哪种教育方式一定会使你的孩子成为不幸的人吗？那就是对他百依百顺。

南宋理学家朱熹说过这样一句话："溺爱者不明，贪得者无厌。"施爱者无底线付出，助长了孩子的贪婪之心，相当于将孩子卷入凶猛的旋涡之中，令其无法自拔。溺爱会让孩子变得任性，也会让孩子的感恩之心、责任心及自理能力统统消失。

任性的诱因

无理的要求被不断满足，溺爱是孩子任性的诱因。

感恩之心的消失

溺爱让孩子无视父母的付出，不懂得感恩。

责任心的缺失

在溺爱之下，孩子会丧失责任心，逃避责任。

自理能力的丢失

深陷溺爱的孩子，会失去从前已经掌握的自理能力。

总 结

　　溺爱是一种不理智甚至会摧毁孩子健全心智的爱。在溺爱孩子的家庭中，父母付出得越多，孩子失去的也就越多。在溺爱中长大的孩子，被无微不至的爱重重包裹，永远待在舒适圈里，没有被规矩约束，也感受不到真正的自由。爱是温柔的、有力量的，同时也要有底线。规矩就是那条底线，让爱不越界。父母能够给予孩子的最好礼物，是独立自主的能力。

父母的言行里，藏着给孩子的规矩

第二章

懂规矩的父母，才能教出守规矩的孩子

规矩，不是一种外力，而是有涵养的人的自我约束。而有涵养的人在成长的过程中，会在生活的方方面面把修养展现得淋漓尽致，这就是为什么人们总是会在生活的细微之处见识到某个人的高贵品格。当懂得管理自己的人成为父母时，自然会教出守规矩的孩子。在好的家庭氛围中，每个家庭成员都是积极向上发展的，这一点是毋庸置疑的。

> 教孩子守规矩和勤劳，不要在穷苦中失措，不要败坏品德、行为不检。

父母给孩子立规矩，是在为孩子划出清晰的行为界限，能让孩子未来独自掌控分寸感。而作为父母，懂得立规矩的方法，远比单纯用言语去约束孩子重要。

　　有时候，规矩更像是一种礼仪和态度的传承，无须多言。"规矩"两个字，懂与不懂，在一举一动、一言一行之间淋漓展现。

懂规矩的父母才懂得如何给自己的孩子立规矩，以帮助孩子树立正确的世界观、人生观、价值观，培养孩子待人接物的良好习惯。

相反，若是父母不懂规矩，或者定下的规矩自己都无法遵守，使孩子认为父母的言行不一致，那么父母在孩子心中的威信会大幅下降，且孩子也不会遵守规矩。此时，家庭教育就成了为立规矩而立规矩的纸上空谈。

你在看到孩子的瞬间，也就看到了自己。你教育孩子，也就是在教育自己，并检验自己的人格。

首先，从立规矩开始，父母应该让孩子也参与其中；其次，在执行规矩的过程中，父母应保持言行一致，并明白唠叨在教育过程中毫无作用；最后，在执行规矩的过程中，家长要坚持弹性原则。

杜绝"一言堂"，让孩子也参与到规矩的制订之中，充分调动孩子的积极性。

父母言行一致，会让规矩的存在更有意义，孩子也会因此自觉地遵守规矩。

唠叨不等于规矩

唠叨只会引起孩子的抵触和叛逆心理，让孩子自己领悟规矩的用意才是正道。

弹性原则

在规矩的执行过程中，要坚持弹性原则，要根据具体情况酌情处理，不能以偏概全。

总 结

　　家庭教育是父母的一场漫长的修行，在这个过程中，有付出就会有收获，但为了不使错力气，要讲究科学的方式方法。比如，灵活运用规矩的父母便是懂规矩的父母，而规矩运用得恰到好处，孩子方能在成长中领悟父母的良苦用心，成长为一个懂规矩的人。

孩子的教养，源自父母的知书达理

教养，是全世界的父母都关注的话题。一个人的教养会决定他的整个人生。每一个家庭都有属于自己的教育方式，所有的父母对孩子进行的教育都包含了对孩子的美好希冀。那么如何才能教导有方，将孩子培养成一个有教养的好孩子呢？家庭教育的成功与否，取决于父母眼界的高低。换句话说，孩子的教养，源自父母的知书达理。

> 教养是根植于内心的修养、无须提醒的自觉、以约束为前提的自由，以及为别人着想的善良。

父母知书达理是帮助孩子成为有教养的人最好的方式。但现实生活中，很多父母会站在道德制高点上，以家长的身份控制着孩子的行动和思想。这样的父母忽视了孩子的个体性。事实上，无论多大年纪的孩子，都拥有自主意识。如果在成长阶段孩子的独立思想没有得到充分的尊重，那么他将会在教养的养成过程中遇到很大的阻碍。

父母知书达理，会让孩子在学会自尊自爱的同时，学会尊重他人，并获得他人的理解和尊重。

知书达理的父母，不但可以做到为孩子的长远未来思考，而且可以在为孩子提供良好教育的同时，做到对身边所有人传递善意，并给予足够的尊重。

相反，有些缺乏涵养的父母，往往会以爱为名对孩子的失礼行为进行辩护，这样会让孩子丧失教养，并理所当然地以自我为中心。

"有教养的人的遗产，比那些无知的人的财富更有价值。"

做知书达理的父母其实没有那么难。在教育孩子的过程中，第一要点就是以身作则，尊重他人；其次是要让孩子忘记"童言无忌"的概念，决不能让孩子踏入语言的禁区，还要让孩子明白不嘲笑任何人是良好教养的体现；最后是在生活中抓住每一个拓宽孩子眼界的机会，让孩子拥有能够撑得起教养的见识。

尊重的重要性

尊重是相互的，也是教养的重要组成部分。懂得尊重他人的人，才会被他人尊重。

语言的禁区

好的语言具有正能量，坏的语言具备伤人的力量，要让孩子明确界限。

不嘲笑是一种教养

感同身受是教养的重要部分，学会照顾他人的情绪是人生中十分重要的课程。

拓宽孩子的眼界

拓宽孩子的眼界，带孩子见识不同的事物，帮助孩子在丰富人生阅历的同时，形成良好教养。

总　结

　　教养是一个人展现给社会的第一张名片，是在与他人交往过程中给他人的最直观的印象。如果说教养是一门人生的必修课，那么孩子在这门课上的得分一定与父母知书达理的程度息息相关。教养是需要投入时间和精力去培养的。孩童时期是培养良好教养的最佳时机，作为父母，也有机会在教育孩子的过程中陪伴孩子一起成长，提升自己的涵养，成为更优秀的人。

父母履行承诺"科目"的得分，就是孩子的信用值

"如果你今天可以早点睡觉，那么明天我们就去游乐场玩。"你有在哄孩子入睡时，一边打着哈欠一边说类似的话的经历吗？对于大部分父母而言，这可能只是一句不走心的话或者是一颗"安眠药"，但在孩子心中这是一个约定、一句承诺。父母可千万别把自己说过的话不当回事，因为这决定着你承诺这一"科目"的得分，也影响着孩子的信用值。

立身存笃信，景行胜将金。

承诺本应是对"言必行，行必果"的诠释，但不知从何时起，承诺渐渐变了味儿，演变成了父母驯服子女的手段。完不成的承诺会变成一句空话，连同父母的威信一起消失殆尽。作为承诺这一"科目"的评分人，孩子会默默在心里给父母扣掉与内心的期待相匹配的分数，然后在心底产生疑惑：话原来是可以乱说的吗？

智慧的父母在许下承诺的那一刻，就会承担起责任，为自己的言行负责，不辜负孩子的信任，为孩子养成诚信的习惯打下基础。

讲信用的孩子会特别注重承诺，对自己说过的话负责任，同时也会认真倾听别人的话语，懂得互相尊重。

不讲信用的孩子很容易说空话和大话，经常忘记自己与别人的约定。造成这种现象的原因，大多是父母对孩子许下的承诺没有得到兑现。孩子一开始会产生失望，久而久之，就会丧失对父母的信任，自己也易成为不讲信用的人。

"不要过度承诺，但要超值交付。"

父母在对孩子进行承诺时，要做到以下几点：考虑承诺的兑现是否可行，不做草率的决定；一旦做出承诺，便要尽可能地兑现；为避免特殊情况发生，提前做好应急措施；最重要的是，教会孩子认真对待承诺。对于父母来说，跟孩子一起履行承诺是件意义非凡的事。

拒绝草率的承诺

父母承诺的内容要符合实际，不做出超出能力范围的承诺，而要根据实际情况量力而行。

尽可能兑现

有突发情况发生时，父母也要尽可能兑现承诺，这样才有利于培养孩子敢于克服困难的好习惯。

在特殊情况发生时，父母应及时灵活变通，不要在孩子心中埋下失望的种子。

信任是相互的，父母做到兑现承诺的同时，也要教导孩子信守诺言。

总 结

　　讲信用是一个人至关重要的品格形象，父母要从娃娃抓起，培养孩子成为一个讲信用的人，不要让孩子珍视的承诺变成"狼来了"那样的闹剧。父母要从小事做起，建立良好的承诺机制，认真对待自己说过的每一句话，这样才能保留孩子内心最朴实、最纯真的美好，为孩子成为讲信用的人做好铺垫工作。

控制情绪的神奇"魔法"，来自父母的言传身教

　　每个人都幻想过自己拥有能将生活的风浪抚平的神奇魔法，事实却总让我们产生挫败感。但我们总是要发掘新途径去消解情绪的。我们既然不能改变已经发生的事，那么起码可以通过调节自己的情绪，让生活变得明亮起来。没有父母不希望孩子快乐成长，但孩子的情绪总是来得快去得快。这就要求父母在教育孩子时施展神奇的"魔法"，那就是父母的言传身教。

> 任何时候，一个人都不应该做情绪的奴隶，不应该使一切行动都受制于情绪，而应该反过来控制情绪。

　　孩子在成长过程中，总会出现很多情绪失控的瞬间。没有经验的父母会在慌乱之中对突然袭来的情绪风暴束手无策，甚至会责骂孩子不懂事。而聪明的父母会在孩子产生负面情绪时加以正确的引导，而最好的引导方式就是通过言传身教，在一言一行中教会孩子控制情绪。

　　对待同一个问题，采用不同的解决方案就会让结果大不相同。有时也许只是换一种语气，说另一句话，就会让控制情绪的"魔法"生效。

懂得使用"魔法"的父母，在生活中善于调节自己的情绪。同理，被"魔法"庇护的孩子，在父母的影响下，也会耳濡目染，变得心态平和。

不懂得控制情绪的父母常常会被另一种"魔法"所迷惑，那就是负面的情绪价值。他们会通过过激的言语和粗鲁的行为来发泄心中的焦虑与愤怒。在这样的父母的影响下，孩子也会失去对情绪的控制能力。

能控制好自己情绪的人，比能拿下一座城池的将军更伟大。

父母要在控制好自己情绪的同时，教会孩子管理情绪，通过言传身教给予孩子正向的引导。首先，父母要让孩子学会感受情绪，明确自己正处于哪一种情绪之中；其次，父母要教孩子学会平复心绪：转移注意力是平复心绪的好方法，一起运动也是个不错的选择。

　　在生活中培养孩子对情绪的洞察力，帮助孩子认清情绪的本质，是教会孩子控制情绪的第一步。

　　当孩子无法平静下来时，让孩子尝试深呼吸，或者给孩子一个拥抱来帮助他平复心绪。

转移注意力

用诙谐的语言来转移孩子的注意力，能够有效地让孩子走出情绪。

运动带来快乐

运动是宣泄情绪的好方法，但是要注意强度，做好安全防护。

总 结

你知道吗？情绪就像打哈欠一样，是能够被传染的，而平和的心态能够使人得到控制情绪的能力。具有控制情绪能力的人，通常具有强大的自驱动力。在情绪价值导向上，父母无疑是孩子最好的老师。当孩子处于身体和心灵的成长期时，往往很难做到情绪稳定，这时候就是父母大展身手的时刻，父母应充分地向孩子展示控制情绪的神奇方法，让孩子通过父母言行举止的耳濡目染获得控制情绪的能力。

孩子最肯听的，
是父母爱的语言

第三章

温和，是父母表达爱意的最好方式

自古以来，中国人的表达方式都是含蓄内敛的，这是中国人的特点，但这种含蓄内敛的表达方式在家庭教育中却有不小的弊端。对于父母来说，直截了当地表达爱意不是一件容易的事，父母往往羞于这样做。随着孩子的不断成长，孩子渐渐拥有了自己的独立思维，这时的父母会面临一个问题——究竟如何维护与孩子间的亲子关系，让孩子感受到父母的爱呢？其实，温和，是父母表达爱意的最好方式。

> 为了孩子，父母的举动必须非常温和。

在教育孩子的过程中，态度是至关重要的。在生活小事上，温和的力量不容小觑，它能够让父母通过一言一行消除孩子与父母之间的隔阂，从而让孩子在和缓的情绪中感受爱。

反之，苛刻的态度在家庭教育中并不可取，父母可以适当严厉，但不能没有温度。如果孩子的成长阶段充斥着耳提面命和指责声，那么孩子只会变得叛逆，对父母产生抵触情绪。

　　以爱为底色，在每件小事上都对孩子多一些耐心，用温和的态度和孩子建立起良好的沟通，而不是批评和指责孩子的行为，因为批评和指责只会导致孩子暴躁情绪的爆发。

温和是表达爱意的最好方式，当父母掌握了温和的教养方式，孩子就能够接收到来自父母的爱意，温馨和谐的家庭氛围也会随之产生。在这样的环境中成长的孩子，不论是心态还是性格都会朝着积极的方向发展。

反之，不分青红皂白的严苛以待是最糟糕的教育方式。那会在孩子幼小的心灵上蒙上一层难以清除的阴影，这层阴影会让孩子逐渐产生叛逆、自卑和消极的生活态度。

"如果你是对的，就要试着温和地让对方同意你；如果你错了，就要迅速而真诚地承认。这要比为自己争辩有效和有趣得多。"

温和是最好的表达爱意的方式，作为父母，可以通过和孩子平等对话来表达尊重的爱意；可以通过付出时间来表达陪伴的爱意；可以通过一个拥抱来表达支持的爱意；还可以通过持续沟通来表达关注的爱意……

和孩子做朋友，分享日常的琐事，是创造平等对话的最佳方式，也是最温和的方式。

孩子最渴望的就是父母的陪伴，付出时间陪伴是最温和的教养方式，也是最有效的表达爱意的方式。

一个拥抱

　　父母和孩子间的一个拥抱可以缓解双方的很多压力，融化很多的不愉快。

持续交流

　　和孩子持续沟通，了解孩子的喜悦与烦闷，关注孩子的情绪变化，是父母最温和的表达爱意的方式。

总 结

　　父母的温和是一种坚定的非凡力量，可以给孩子面对困难的勇气。父母的一句话语、一个眼神和一个温暖的拥抱，都可以在孩子的内心世界打下一层坚实的安全地基，这层安全地基会让孩子勇敢地一路向前，快活地度过童年时光。

孩子的共情能力，会在爱的环境中产生

当孩子不小心用手中的玩具砸中你的脑袋时，你发出夸张的尖叫声："哎呀，好痛啊！"此时，你的孩子是什么反应呢？我们可以通过这个反应了解孩子是否具有共情能力。拥有共情能力的孩子会贴心地走过来，用小手试探着轻抚你额头，甚至嘴上会模仿大人的语气说道："呼呼，不痛不痛哟！"毋庸置疑，这样的孩子一定是在爱的环境中长大的。

> 同情是为了安慰他人，共情是为了理解他人。

孩子的共情能力一定是在爱的环境中产生的。父母对孩子无微不至的关心，会得到孩子的回应，这个回应就是孩子的共情能力。

而父母对孩子的放纵和漠不关心同样会反映在孩子的性格上。当孩子感受不到爱意时，幼小的心灵会受到冲击，紧接着就会产生无声的反抗，丧失共情能力。

共情能力是人与人之间心灵沟通的桥梁，孩子的共情能力在爱的环境中产生，也会使家庭氛围更加和谐温馨。

拥有强大共情能力的孩子拥有细腻的感情，能更容易融入集体生活，也能更轻易获得他人的喜爱和尊重。在与他人交流的过程中，他们能够表现出更高的情商。

而缺乏共情能力的孩子，通常注意不到他人的心理感受，在日常交往中，很少顾及场合和场景，总是自顾自地说话和行动。他们往往只关注自己的情绪，长此以往会造成性格上的孤僻、自大。

"共情需要把偏见放在一边，并控制住那些自动进行评判和谴责的冲动。"

父母应当如何培养孩子的共情能力呢？可以从以下四点入手：一、帮助孩子学会观察别人的情绪变化；二、引导孩子进行换位思考；三、在日常生活中陪孩子进行共情训练；四、为孩子设定共情的边界。在这一过程中，父母要让孩子懂得共情的意义，并灵活运用共情能力。

教导孩子懂得察言观色，在交往过程中时刻注意他人情绪，从而帮助他更好地与人交流和沟通。

当孩子学会站在别人的角度看问题时，就是孩子学会共情的成长时刻。

共情训练

抓住生活中的小细节，在幻想和假设中提升孩子的共情能力。

设定共情的边界

为孩子设定共情的边界，避免孩子在不必要的小事上浪费过多的精力。

总　结

　　跟孩子建立良好的沟通，不仅能够帮助孩子培养良好的共情能力，还能在孩子的情感成长轨迹上设定边界。父母会把孩子的每一个表情分析得细致入微，然后深入了解孩子的内心世界，这是爱的表象，同时也是一个爱意的传导过程，孩子在这个过程中能学会去爱，这就是共情的力量。

忠言有时也可以不那么逆耳 —— 不粗暴呵斥

在家庭教育中，很多时候父母与孩子进行沟通时出发点是好的，希望犯错的孩子能够听进去父母的话，但有些父母由于没有摆正态度，用语不加考虑，一场本该温和的对话很可能就会变成激烈的争吵。所谓忠言逆耳，但并不是每一个心智不够成熟的孩子都能够听得进去逆耳的忠言。

> 温和、睿智、积极的忠言能让犯错的孩子从惶恐的情绪中平静下来。

面对犯错的孩子，控制不了自己情绪的父母容易变成情绪的奴隶，他们口中逆耳的忠言也就变成了粗暴的呵斥。一方面，这会使得本就惶恐的孩子更加畏惧父母，陷入深深的自卑中；另一方面，父母粗暴的呵斥易点燃本就处于青春叛逆期孩子性情的导火索，从而引发更加激烈的争吵和对立。这样的对话早已经背离了忠言的出发点。

下次走路一定要慢一点，注意周围的事物，可不能再这样大意。

我知道了。

你凭什么没收？这是我的生日礼物！

我讲了多少次了，在家里不要玩滑板，你就是听不进去。从今天起滑板没收！

　　忠言到底逆不逆耳，取决于父母的说话方式和态度。在面对犯错的孩子时，应该采取什么样的说话方式和语气，这取决于父母对孩子性情的了解程度，父母要因"性"施教。

孩子与父母处于同频的状态时，在父母引导孩子反思和纠正错误的过程中，孩子不仅能够听进去父母的教诲，也能明白父母的良苦用心。此时，父母与孩子即使有观点的冲突，也能在开放包容的氛围中沟通。在这样的状态下，忠言才不逆耳，才能发挥作用。

本身性格就跳脱、缺乏耐心、脾气不好的孩子，则需要父母投入更多的耐心，选择孩子安静下来的时候和孩子沟通。

"父母粗暴的呵斥只会激发孩子叛逆和抵触的心理。"

父母要如何做才能有效地发挥忠言的价值呢？首先，父母要平复心情，在沟通前保持平和的心态，选择恰当的沟通时机；其次，父母应针对孩子的性情和状态，组织好忠言；再次，父母在沟通过程中要避免粗暴呵斥，要提醒孩子注意语气；最后，父母应鼓励孩子提出意见，倾听孩子的想法。

选择沟通时机

今天白天你打碎了妈妈刚买的花瓶。家里不是玩滑板的地方，以后可以在小区里玩。

对不起妈妈，我不是故意的。我记住了。

在恰当的沟通时机沟通能够使谈话的效果最大化。

因『性』施教

爸爸帮你可以，但是你得答应爸爸，以后不可以在家里玩滑板。

好的爸爸，我答应你。

父母要针对孩子的性情和习惯，组织好忠言，这样更容易让孩子接受。

温和提醒

当孩子觉得忠言逆耳并产生反抗的情绪时，父母要提醒孩子控制脾气，这样能有效地化解矛盾。

耐心倾听

父母应给孩子解释的机会，耐心倾听，这样能收获孩子的理解。

总　结

在家庭教育中，父母的忠言无处不在，如果忠言没有以恰当的方式说出，很可能招致父母与孩子之间的隔阂与争吵。父母在对孩子说出忠言之前，不仅要考虑到自身的情绪状态，组织好自己的语言，还要考虑到孩子的情绪状态和性情，在恰当的时机以适宜的方式向孩子诉忠言。父母在对孩子诉忠言的过程中要避免粗暴呵斥，忠言不一定逆耳。

孩子无法在贬低的语言中"长高"
——不贬低嘲讽

很多父母，在孩子没有达到自己的期望的情况下，或处于"恨铁不成钢"的气急败坏的情绪下，或出于激励孩子的目的，而出言贬低和嘲讽孩子。可是，在贬低的语言中，孩子是不会"长高"的。

> 由于父母打击所造成的伤害效果，不仅会影响孩子的当下，它会贯穿岁月，像一根针一样，深扎在他们的心头。

从小听着父母说的"别人家的孩子"的事迹长大的孩子，相当于一直在经历父母的贬低和嘲讽，他们不仅容易看轻自己，而且也会和父母产生深重的隔阂。

在知道孩子没有考到理想成绩的第一时间，父母不应该盲目指责孩子，而应该帮孩子分析试卷，对做错的题目进行分析，最后鼓励孩子再接再厉。

> 很多父母给孩子定目标时不仅不考虑孩子自身的情况，而且还忍不住和"别人家的孩子"攀比，以至将孩子的努力和成功上升为一个"面子"问题。所以在孩子没有达成目标的时候，父母的负面情绪就会涌上来，就容易口不择言，出言贬低和嘲讽孩子。

> " 孩子若是平凡之辈，那就承欢膝下；若是出类拔萃，那就展翅高飞。"

　　还有一部分父母认为，不能让孩子从小养成自得自满的心态，否则孩子永远会待在舒适圈里，不求上进。于是，当孩子有进步时，他们不仅不嘉奖孩子，反而给孩子"泼冷水"，历数"别人家的孩子"的事迹。孩子进步时，他们尚且如此，更别提孩子令自己失望的时候了。这样做不仅不利于孩子成长为自信阳光的人，而且容易造成孩子心理扭曲。

长期被父母贬低和嘲讽的孩子，极易产生自卑心理，在同龄人面前抬不起头来，甚至自暴自弃。

若孩子的努力长期得不到父母的肯定，孩子就容易丧失对学习的兴趣，产生厌学心理。

逆反心理

有的孩子得不到父母的尊重，开始不尊重父母，事事和父母对着干。

嫉妒别人

父母长期使孩子活在"别人家的孩子"的成就中，孩子容易把"别人家的孩子"视为敌人，觉得他们分走了父母的注意和赞赏。

总　结

当今时代，父母的使命已经不仅仅是把孩子养大，而是把孩子养好，使其既成人也成才。但是初次为人父母，他们并不能在教养孩子方面得心应手。很多父母容易把自己未完成的远大目标和期望加注在孩子身上，以至会产生对孩子"恨铁不成钢"的心态，甚至出言贬低和嘲讽孩子。这样不仅容易打击孩子的进取心，而且可能造成亲子间的隔阂。父母应该避免情绪化的用语，用爱的语言让孩子明白父母的良苦用心。

试着蹲下身和孩子说话 —— 平等交流

很多父母大概都没有仔细观察过自家孩子生气、愤恨、委屈的表情，不曾深深注视孩子的双眸，看清那双澄澈的眸子里的炽热的情绪。父母应该试着蹲下身和孩子说话，通过平等的交流促成双向的理解。

> 父母尊重孩子，可以带动孩子尊重父母。在与孩子沟通的过程中，父母应与孩子交换想法和意见，并对其表示出足够的尊重，不按照自己的主观想法过分干涉。

能够与孩子平等交流的父母，往往能够走进孩子的心里，更加了解自己的孩子，和孩子成为好朋友，甚至成为孩子的人生导师。

而意识不到要和孩子平等交流的父母，不仅容易忽略孩子的想法，误会孩子，甚至会让孩子在感到尊严被侵犯的情况下产生逆反心理，造成更深的家庭矛盾。

　　当父母认为孩子犯错时，应先蹲下身来和孩子对话，而不是高高在上地训斥孩子。

在传统文化的影响下，很多父母和孩子交流的时候都习惯性地"自上而下"。

即使孩子长高了，有的父母训起话来也忍不住用手指着孩子的头，或是让孩子在自己面前低头，以保证自己的权威不被孩子侵犯。

" 很多父母理所应
当地认为孩子在
父母面前就应该
低头。 "

如果父母学会蹲下身和孩子耐心交谈，那么双方会更容易看到彼此眼睛里的真诚和坚定。而长期的"自上而下"的训诫，会让孩子习惯性地在和长辈的交流中低头，甚至在和同龄人的交流中怯场，这对他们未来的发展不利！

限制能力发展

　　"自上而下"的交流容易让孩子在父母面前丧失话语权，从而不利于孩子口语表达能力和思维逻辑能力的发展。

自卑心理

　　在不平等的家庭交流中，孩子常常处于弱势，这会让孩子觉得自己在长辈面前就该是弱势、就该低一头。

加深代沟

> 你为什么非要让我周末去同学家里写作业呢?

> 你同学成绩那么好,还能教教你,有什么不好的呀?妈妈都跟她爸妈说好了,这事没商量。

不平等的亲子交流中,孩子难以和父母正常地辩论,难以纠正父母陈腐、错误的旧思想,长此以往,两代人之间的代沟会加深。

寻求补偿

> 你怎么能不听我的话?我年纪比你大,你必须听我的。

孩子可能会在其他方面寻求在父母那里得不到的平等和尊重,以作为补偿,比如,将父母"自上而下"的沟通方式施加到自己朋友和比自己年幼的人身上。

总　结

　　在当代教育理念下，我们倡导的是家庭中的平等交流。孩子年幼时，父母尽量蹲下身和孩子交流，不要总是对孩子摆"老资格"，而是要把事情和纷争解释清楚，让孩子真正明白父母的用心；若自己不对，要允许孩子指出，鼓励孩子说出自己的想法和意见。这样才能促进双方进行有效交谈，拉近亲子间的距离。

学会慢养，陪孩子一起慢慢长大

第四章

做不焦虑的父母，调整心态

在教育孩子的问题上，有些父母处于高度的焦虑状态中。然而参天大树并不是一日长成的，轻松的家庭氛围更有利于孩子的成长。父母应该调整自己焦虑的心态，陪孩子一起慢慢长大。

焦虑与人类同时诞生。由于人类永远无法掌握焦虑，所以不得不学会与它一起生活。

父母都希望孩子能更好地成长，因此会竭尽所能，使用各种方法教育孩子，但有些父母会陷入焦虑之中，用错方法，从而导致孩子在幼小的年纪就被卷入焦虑的旋涡。本该享受童年时光的孩子，却因为父母的焦虑而对自己的学业、未来处处焦虑，这会阻碍孩子的好奇心、创造力和想象力的正常发展。

而在积极轻松的家庭氛围中长大的孩子，可以放慢脚步享受童年时光，在憧憬中迎来自己的校园生活。他们在学业紧张的环境中更容易调节自己的心态。

父母不应与其他家长攀比而逼孩子选择兴趣班，而应询问孩子对什么感兴趣。

教育孩子应该从小抓起，但是有些父母长期处于焦虑之中，注意力集中在"比较"和"超越"上，从而忽视了孩子成长中的很多细节，比如，"他到底对什么感兴趣""他能够适应这样的作息，完成这么多学业吗""他的上进心是怎样的"。

一个人应该在自己的灵魂深处树立一根标杆，然后把自己个性中与众不同的东西汇集在他的周围，显示出自己鲜明的特点。

还有一部分父母认为，在孩子年幼的时候，如果没有给他足够的压力，让他明白竞争对手的状况，可能会让孩子养成不求上进的心理，导致他在同龄人中落后。然而这些父母忽视的是，孩子的童年只有一次，这种"以爱为名"的施压，让孩子在童年就开始接触社会的比较、竞争，从而导致孩子过早地经历疲惫、紧张、失望和无力，最终丧失少年的灵气。

对父母不理解

为什么人家比你小一岁还能写得这么好，我教了你这么长时间，这几个字你还是写不好？

年幼的孩子尚未接触到复杂的社会，在他们眼中，如此焦虑的父母是难以理解的。

同龄人间的攀比

你看看，人家每年都是"三好学生"，你呢，一个奖状都没有！

在焦虑的父母的影响下，很多孩子从好朋友变成了竞争对手。他们鲜有这样的经历，很容易处理不好彼此之间的关系，因此很容易由竞争对手进一步变成敌人。

过大的压力，容易使孩子患上心理疾病。

父母"望子成龙"的过分要求和孩子享受童年时光的需求之间的矛盾不断加大，会造成亲子之间的隔阂和疏远。

总 结

　　父母想要孩子在各方面不落人后，是很正常的一件事。但是父母长期处于焦虑的状态，"急养"孩子，不仅不利于孩子身心健康成长，还会让孩子不理解父母的良苦用心，逐渐与父母疏远。人在一个阶段应做一个阶段该做的事。父母应该摆正心态，给处于童年的孩子创造轻松且积极向上的家庭氛围，以正确的方式教导孩子，培养孩子的进取心和积极性。

心急养不出乖孩子，给孩子成长的时间

有些父母在教育孩子的过程中总是显得很心急，这可能体现在言谈之中，比如对孩子说话时语气冲，口不择言；也可能体现在行动上，比如四处向"别人家的父母"求教。这些情况其实是焦虑的表现。然而乖孩子绝不是短时间内养成的，成长是一个漫长的过程，父母需要给孩子成长的时间和空间，不要心急。

> 无欲速，无见小利。欲速则不达，见小利则大事不成。

当下的社会，被焦虑包围的父母太多了。他们作为职场人，急着晋升；作为父母，又急着让孩子走在同龄人的前面。即使在和学业无关的性格养成方面，他们也希望自己家的孩子能比别人家的孩子更乖，更早一点变得懂事。

然而，孩子良好性格的养成不能仅靠父母的言语教导。父母首先要对"乖"有个明确的定义，然后在生活中纠正孩子的不当做法，让孩子明白怎样做才是一个乖孩子。

你家孩子把我家孩子的脸挠成这个样子，快让你家孩子给我家孩子道歉。

你和同学为什么打架呀？他脸上的伤痕是怎么回事？你告诉妈妈，不怕。

　　在别人指责自家孩子不乖的时候，父母不应不分青红皂白第一时间跟着指责自己的孩子，而应第一时间询问发生了什么事情。

乖孩子，并不意味着完美无缺，更不意味着不会犯错，但是乖孩子在情绪的控制和行为的判断方面会更胜于普遍意义上不乖的孩子。若想要培养孩子的情绪管理能力，父母首先就得情绪稳定且能够输出正向情绪价值。

所以，一遇到孩子的教育问题就心急的父母，如果自己在言行上都混乱无序，又怎么指望孩子能在他们的教导下学乖呢？即使孩子真的变得乖了一些，也是恐惧驱使的结果。

"成功的秘诀就在于懂得怎样控制痛苦和快乐的力量，而不为这些力量所反制。如果你能做到这一点，就能掌握自己的人生，反之，你就无法掌握自己的人生。"

孩子在面对外界涌进的一切陌生事物和观念时，需要父母的引导和帮助，然后形成一套自我判断标准和价值观念。父母再心急也只能做到第一步，第二步终究要由孩子自己来逐渐完成。如果父母过于心急，想在短时间内塑造孩子的人格，可能适得其反。

能动性缺乏

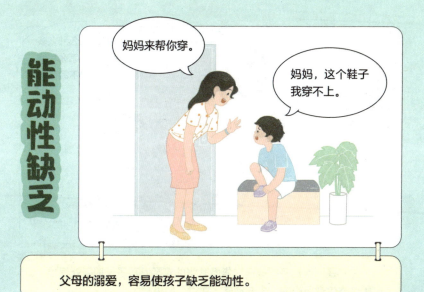

父母的溺爱，容易使孩子缺乏能动性。

行动紧迫

父母遇事心急，会导致孩子长期生活在紧迫压抑的环境中，最终形成遇事慌张的性格。

逆反心理

并不是所有孩子都能适应焦虑紧张的氛围，孩子长期身处其中，可能会产生逆反心理，走向彻底"摆烂"的极端。

病急乱投医

心急的父母也容易"乱投医"，给孩子不恰当、不正确的建议，甚至违背孩子的意志，最终导致父母与孩子"两败俱伤"。

总　结

　　面对调皮捣蛋的孩子，父母感觉头疼是很常见的事。想让孩子乖一点，是为人父母再正常不过的诉求。然而，"心急吃不了热豆腐"，反而易"乱投医"。父母应该更多地去纠正孩子的不当行为，跟孩子耐心地讲道理、立规矩，而不是长期处于心急、焦躁的状态中。父母要给孩子的成长留有足够的空间和时间，因为终究还是要让孩子经历一些事情，他们才能更好成长。

世上独一无二的孩子 —— 不攀比

前面说过，很多父母在育儿问题上都忍不住焦虑、心急，想尽各种办法，想让自己的孩子变得听话懂事、成绩优秀，成为"别人家的孩子"。在这个过程中，父母竭力将自己的孩子与"别人家的孩子"进行对比，希望自己的孩子拥有别的孩子的优秀品质，反而忽视了自家孩子的个性和独特性。每一位父母都应该牢牢记住，每一个孩子都是这个世界上独一无二的存在。

> 生活累，一小半源于生存，一大半源于攀比。

一个能得到父母的关注和夸赞的孩子，更容易发现自己的优点，增强自己的信心。

如果父母把欣赏的目光长时间停留在"别人家的孩子"身上，就容易忽视自家孩子的独特性和闪光点，从而容易导致自家孩子丧失信心，甚至变得从众、好攀比，最终"泯然众人"。

看到别的孩子迅速想出解题思路时，父母不应责怪自家孩子想不出来，而应安慰孩子不必着急，让孩子放松心情，转换思维。

有些父母强调普遍性，忽视独特性。然而等自己的孩子真的"泯然众人"，他们才发现孩子怎么哪里都不突出。而有些父母，却会给孩子创造轻松积极的家庭氛围，尊重孩子的兴趣爱好，并且主动跟孩子一起培养爱好，支持孩子全方位发展，帮助孩子塑造独特性。

"世界上没有东西比和睦的家庭氛围更温柔，没有东西比它更能够如何把一个人的天性培养得坚强、正直。人生真正的幸福和欢乐，总是浸透在亲密无间的家庭关系中。"

为什么有的父母看到跳舞跳得很好的孩子、钢琴弹得很好的孩子、象棋下得很好的孩子就忍不住向自己的孩子指出来，让孩子向他们学习？因为这群孩子在发光，他们的独特性在闪光。当父母艳羡"别人家的孩子"时，不要第一时间就替孩子做决定，让他们学习"别人家的孩子"，而是要询问孩子的意见。父母还要有一双善于发现自家孩子的兴趣和优势的眼睛。

鼓励广泛接触

父母要鼓励孩子多和与自己个性不同的人交朋友，互相学习，这样可以帮助孩子成长。

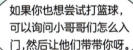

如果你也想尝试打篮球，可以询问小哥哥们怎么入门，然后让他们带带你呀。

细心观察

父母需要多陪伴孩子，细心观察孩子，这样才能发现孩子的兴趣爱好。

尊重孩子

如果你想要打篮球，爸爸可以给你到篮球馆报名，让专业的老师教你打。

不需要的，爸爸。和老师学打篮球会使打篮球成为一种压力而不是娱乐了，我可以约同学一起打。

孩子是自己成长过程中的主体，父母不能剥夺孩子的选择权，要尊重孩子的意见。

我就知道你肯定没问题的，继续努力，下次会更好！

欣赏孩子

父母要学会欣赏孩子，鼓励孩子，这样可以增强自己的满足感和孩子的自信心。

总　结

　　每位父母都应该意识到，"独一无二"四个字属于每一个孩子。然而在育儿过程中，太多的父母只顾追寻孩子的共性，而忽视了孩子的个性，因此造成了"孩子性格千篇一律"的现象。而我们的社会恰恰是一个以创造力制胜的社会，所以重视孩子的个性、培养孩子的独特性、不要盲目从众、不要令攀比成风，是每一位在育儿过程中迷茫的父母应该意识到的事。

正确看待错误，允许孩子在试错中成长

与其说不懂事的孩子在成长过程中总是在犯错，不如说孩子一直在这个世界中进行试错。对于孩子犯错，只有经人教导，孩子才能明白这样做是不对的、为什么不对，才能避免再犯。试错，是孩子了解外界、认识并遵守规则的最切实的途径。因此，父母应该正确看待孩子在成长过程中犯过的错误，允许孩子在试错中成长。

> 尽可能少犯错误，这是人的准则；不犯错误，那是天使的梦想。

父母理应明白，不能对年幼的孩子期望过高，要给孩子试错的空间，否则一切的说教都会显得空洞。如果父母缺乏包容孩子的能力，对孩子进行训诫，甚至是体罚，那么在这样的家庭中成长的孩子必然有童年缺憾。

相反，在父母一定程度的包容中成长的孩子，敢于试错，而且能够感受到父母的宽厚与爱护，其在成长过程中的收获要远远多于其他孩子。

　　如果孩子和其他孩子发生肢体冲突，父母不应该第一时间责怪孩子，而应该在弄清事实后，做出正确的处理，并且特别要向孩子强调不能在气头上和其他孩子发生肢体冲突。

当然，包容并不意味着放纵孩子的错误行为，父母该严厉的时候也得严厉起来，才能威慑到孩子。父母教育孩子的难点在于如何把握好严厉和包容的"度"。

有些父母就对孩子太放纵，惯得孩子不仅不能从错误中吸取教训，还视犯错为常事，甚至不把父母放在眼里。这就是父母教育的失败。

"因为容忍祸根乱源而不加纠正，危险是无可避免的。"

还有一部分父母则过于严厉，丝毫不能容忍孩子的错误，甚至将其视为自己教育的耻辱。比如，当孩子做错了一件小事，他们就对孩子横眉冷对、不依不饶，甚至严厉惩戒。他们在"惩戒"这一部分总会花去大量精力，而在最后的"教育"部分又轻描淡写。在这样的家庭中成长的孩子，也许的确很少犯错，但是难免具有畏畏缩缩、性格懦弱的缺点。

畏惧父母

过于严厉的处理方式，会让孩子对父母产生恐惧心理，从而使亲子关系疏远。

行动畏缩

父母如果对年幼的孩子提出较高的是非观要求，不给他们试错的机会，那么会使得年幼的孩子在行动上畏畏缩缩。

无视规则

父母如果纵容孩子犯错，那么就容易让孩子养成无视规则的性格，从而埋下更大的隐患。

缺乏管教

除了用适度的惩戒让孩子产生对规则的敬畏，父母也要对孩子进行关于错误原因和后果的认知的教育。

总　结

　　对于父母而言，他们必然不想看到孩子犯错，甚至害怕孩子犯错，这都是人之常情。"犯错—纠错—不再犯"是绝大多数人对某些规则和事理进行摸索的过程。因此，父母不妨转变心态，以正确的态度和不同的角度看待孩子犯错这一行为，给孩子留下一定的试错空间。

我陪你慢慢长大，你陪我慢慢变老
——爱是陪伴

陪伴是最长情的告白，但在当代人快速的生活节奏下，陪伴变得越来越难。加班的父母，只能将孩子托付给爷爷奶奶照顾；晚饭后，孩子在写作业，父母在玩手机。快速的生活节奏和充满焦虑的父母已经让孩子的"告白"说不出口了。

> 所谓父女母子一场，只不过意味着，父母和孩子的缘分就是父母今生今世不断地目送孩子的背影渐行渐远。

父母的陪伴之于孩子无比重要。粗略地算一下，父母真正能完全陪伴孩子且孩子能感受到父母的陪伴的时间也不过十几年。有的父母将这十几年"充分利用"，玩手机、加班、出差、给孩子报很多兴趣班等，却很少陪伴孩子。等孩子真正远离自己的时候，他们再回想起来，印象中还有多少和孩子亲密相处的温馨画面呢？父母既然让孩子在一个缺乏爱与陪伴的环境中长大，又怎能期望他带着满满的爱去爱父母、爱别人呢？

面对孩子的请求和自己的事情，父母不应该忽视孩子，只顾自己，而应该采取恰当的做法，尽量做到两全其美。

的确，很多时候，父母也有很多难处，为了生计和孩子的教育，他们不得不花时间做很多并不愿意做的事情，而将孩子的需求和愿望放在了后面。

其实，生计和教育并不是矛盾的，花更多时间去陪伴孩子，并不意味着就要把生计问题放下来。父母在安排事情的时候多思考一下，是可以找到两全的处理方式的。

"林语堂心目中的幸福：一是睡在自家的床上；二是吃父母做的饭菜；三是听爱人说情话；四是跟孩子做游戏。"

很多父母看着孩子从刚出生的小婴儿长成小伙子、大姑娘，总会感慨时光飞逝，并想到孩子最终远离自己的那一天。时光是无情的，但是爱是深情的。在陪伴孩子慢慢长大的过程中，父母在孩子身上倾注爱，与此同时，孩子何尝不是在陪伴父母变老呢？爱是陪伴，所以无论是长大还是变老，这个过程都值得父母和孩子放慢脚步。

亲子关系疏远

父母每一次对孩子的陪伴的缺席，都在把孩子推得离自己越来越远。

形式主义陪伴

陪伴是需要投入关注和精力的，形式上的陪伴终究难以使父母与孩子之间形成深厚的亲子关系。

精神大于物质

妈妈，我什么都不想买，你和爸爸能不能一起陪我去游乐场啊？

宝贝，这次考得这么好，你想要什么，妈妈都给你买。

父母的陪伴远比物质来得可贵。

爸爸，明天下午学校要开家长会，妈妈在出差回不来，你能不能去开家长会呀？

好的，没问题，明天下午爸爸向公司请个假。

有舍才有得

对于事业和家庭，如果父母必须要做出一定的牺牲，希望亲情永远不是他们的第一选择。

总 结

　　陪伴是最长情的告白。孩子长大和父母变老同时进行，父母放慢脚步陪孩子认识自己、认识社会、认识世界，这其实也是父母对自己重新认识的过程。在这一过程中，父母付出了多少，某种程度上，意味着孩子能认识多少，父母能收获多少。慢慢长大和慢慢变老，终将是所有孩子和父母需要认真面对的。

不纵容不压制，
培养孩子的好品格

第五章

视规矩于无物的"小霸王"
——任性，不守规矩

现在的家庭教育之所以如此重视给孩子立规矩，原因之一在于没有多少家庭能够负担得起培养一个任性、不守规矩的孩子的代价。在家里，任性、不守规矩的孩子顶多受到父母的责骂，但是到了社会上，没有人会因为"这是谁家的孩子"而退让，那时孩子遭到的可能是社会规则的惩罚。因此，父母不能纵容孩子视规矩于无物的不良性格，要对"小霸王"说"不"。

○ ○ ○ ○ ○ ○ ○ ○ ○ ○

夫严家无悍虏，而慈母有败子。

孩子"小霸王"性格的养成，和父母对孩子的纵容有很大的关系。很多父母本身就规则意识淡薄，并且溺爱孩子，不忍心对顽皮的孩子加以教育，最终导致孩子变得任性、不守规矩。

而本身就有着极强规则意识的父母，会在教育孩子的过程中向孩子灌输理应遵守的规矩，掐灭孩子任性的苗头。

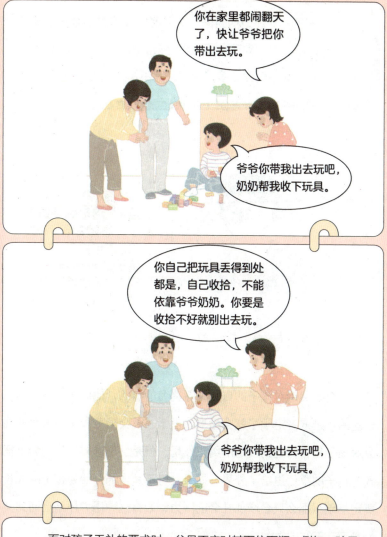

面对孩子无礼的要求时，父母不应对其百依百顺。例如，孩子将玩具丢得到处都是，然后让奶奶收拾，自己跟着爷爷出去玩。此时，妈妈应让奶奶不要帮孩子收拾玩具，让孩子把玩具收拾好再跟爷爷出门玩。

> 孩子不守规矩的时候，父母最好在当时就令孩子改正，而不要每次到了事后才想起来提醒。
>
> 立了规矩就要让孩子遵守，而不是把规矩当摆设。

"争而不得，不可谓强。"这句话的意思是，劝阻却没有成功，不可称作坚持。孩子的任务没有完成，父母劝阻了吗？劝阻无效，父母尽力了吗？

　　总有些父母对孩子的自觉有着莫名的自信，他们认为孩子到了一定的年纪或者上学了就会懂事。没错，社会规范和学校教育的确会对孩子的言行起到一定的纠正作用。但是父母这样想，无异于把教育孩子的重任甩给了外界。如果父母不从内部开始为孩子的成长奠定基础，那么只会增加社会的压力，最终这种压力还是会回到父母身上。

敬畏规矩

父母可以用反例来引导孩子敬畏规矩、遵守规矩。

对比衬托

守规矩和不守规矩的孩子一经对比便可看出差异，父母可以用温和的方式引导孩子注意这种差异，让孩子自觉改变。

奖惩机制

合适的奖惩机制，有利于孩子养成守规矩的习惯，但是父母要警惕孩子产生"唯奖励"的心理。

不放纵、不妥协

父母对孩子不良行为的放纵和妥协，都是在为日后更大的隐患埋伏笔。

总 结

　　随着生活条件的改善，很多孩子一出生就享有优质的生活，很少从小就经历生活的锤炼。如果家里长辈再娇惯孩子，很容易导致孩子养成任性、不守规矩的性格。因此，父母应该尽早教导孩子守规矩，而且在日常生活中的点滴小事中培养孩子守规矩的好习惯。必要的时候，父母可以制订一定的奖惩机制，这样有利于孩子养成好习惯。在教导孩子守规矩的过程中，即使孩子"花样百出"，父母也要守好不放纵、不妥协的底线。

喊叫和暴力能解决问题吗？
—— 发脾气，打人

不是所有家庭在任何时候都是一团和气的，矛盾、纷争也是家庭生活中的常客。面对家庭中的亲子矛盾，有人选择"冷战"，企图逼对方低头；有人选择"热战"，一言不合就大吵一架，好像谁嗓门大就谁赢一样；而有的人已经看不上语言暴力，直接用肢体暴力来解决问题。但是，喊叫和暴力真的能解决问题吗？这个问题值得那些倾向用发脾气和打人来处理问题的父母和孩子思考。

> 一切暴力都可以不经斗争就使对方屈服，却不能使对方顺从。

在喊叫和暴力中长大的孩子，我们很难指望他会在和别人发生矛盾时以理服人；而在民主、公正、谦和的家庭中长大的孩子，在解决问题时，能智慧而和平地处理。

当自己的孩子与其他孩子发生矛盾时，父母不应马上在其他孩子的父母面前对自己的孩子严加"审讯"或者逼孩子道歉，而应给孩子解释的机会。

孩子犯了错，却并不一定是故意的，如果父母不分青红皂白地冲孩子喊叫甚至动手，很可能会激起孩子的逆反心理。

如果在孩子犯错时，父母能够先控制自己的情绪，然后去了解前因后果，给孩子解释的机会，再去质询和判断，做到尊重和信任孩子，那么一定会让孩子有所感触，进而在孩子的成长过程中产生正面效应。

" 当你因为孩子犯错而大发雷霆时，他可能都不明白问题的严重性，甚至不知道自己错在哪里，自然也无法成长。"

当孩子和父母产生矛盾时，如果孩子表现得暴戾，父母理应反思：为什么孩子会表现得暴戾？是自己言语过分，还是孩子已经习惯把暴戾当成解决问题的方法？如果是后者，父母需要搞清楚孩子养成这一习惯的原因，首先就要从家庭内部反思：是什么造成了孩子满身是"刺"？

　　没有目标的孩子，不会有时间观念，不知道因为游戏而错失的时间有多宝贵。所以父母要帮助他们找到人生目标。

　　习惯使用暴力的父母，会使孩子遇事时倾向于伤害他人。

网络误导

短视频的流行给了孩子更多接触外界的机会，他们也因此会受到暴力行为的影响。

同伴影响

教给孩子明辨是非和丑恶的能力，使孩子不受到同伴的消极影响。

总　结

　　当孩子出现问题时，父母若常使用打骂来解决，则会养成习惯，总倾向于用简单的暴力行为来解决问题。而挨打挨骂的孩子往往无法意识到自己的错误，下次仍有可能再犯同样的错误。如此循环下去，只会妨碍孩子正常的心理发育。正确的解决方式其实是通过讲道理让孩子意识到他的错误，并避免下次再犯。

挖除野蛮无礼的种子 —— 说脏话

说脏话，这一现象在成年人群体中很常见，尤其是在他们情绪上头的时候。有时候，有些父母在孩子面前也忍不住说脏话。但是真的到了某一天，这些父母听见孩子说了一句脏话的时候，就会极其震惊和愤怒，把气撒在孩子身上。这些父母其实很清楚，说脏话是野蛮无礼的种子，如果任其在孩子心中生长，后果不堪设想。

良言一句三冬暖，恶语伤人六月寒。

不让孩子说脏话是为了把孩子培养成文明有礼、遵纪守法的人。而野蛮无礼的孩子，是任何一个家庭和社会都不期望的。

要培养一个文明有礼的孩子，首先得有一个文明有礼的家庭氛围。试想，一个家庭中，父母随意说脏话，彼此或与孩子产生矛盾时大喊大叫，甚至产生肢体冲突，毫不尊重孩子，这样还谈什么把孩子培养成文明有礼的人呢？

当孩子第一次说脏话时，父母就应该引起警惕，明确向孩子指出这是脏话，说脏话会令人讨厌。

孩子说脏话一定是后天学习到的。这就说明，要避免孩子形成野蛮无礼的性情，父母就要将孩子和野蛮无礼的人与事、氛围隔离开，从源头上掐断孩子学会说脏话的可能性。

如果真的有避免不了的场面和突发情况导致孩子接触到脏话，父母应该做出适当的人为控制，比如，提前或者在事发之后，耐心地教孩子辨别脏话，拒绝说脏话，不猎奇和盲从。

" 3~6 岁是孩子模仿能力最强的阶段，这时候的孩子通过模仿大人的表现认识社会，如果父母存在说脏话的情况，那么孩子会说脏话也就不难理解了。 "

还有一部分父母认为，自己说脏话已经说了很多年，这个习惯不是那么好纠正的，自己可能一不小心就会在孩子面前说脏话。父母如果不愿意做出坚决的改变，那么就势必得承受孩子说脏话后自己的一系列反应，以及孩子也习惯说脏话、变成一个野蛮无礼的人的严重后果。父母如果自己都改变不了不文明的习惯，还有何资格去要求孩子文明有礼呢？

模仿他人

　　幼儿阶段的孩子非常喜欢模仿他人的行为。当孩子开始说脏话，他之前一定是听到别人说了脏话，并且别人说脏话这个行为没有被制止，或者达到了某种效果，比如周围的人无不良反应、大笑或附和着说脏话。

表达情绪

　　孩子虽然不理解脏话的字面意思，但是能够将"说脏话"和"表达情绪"对应起来，然后在下一次出现类似情绪的时候，就会通过说脏话来表达情绪。

家长自我纠正

　　如果孩子是通过模仿父母学会说脏话的，那父母应先从自我纠正做起，不要给孩子树立错误的语言示范。除此之外，父母还要给孩子示范一个正确的表达。

引导替换

　　孩子说脏话是为了表达当下的情绪，仅仅是单纯地制止，不让孩子说脏话，是不能解决孩子表达情绪的需求的。所以，父母需要引导孩子用合适的词语来替换脏话，以满足表达自己情绪的需求。

总　结

　　文明礼貌，是父母对孩子的美好期望。因此，父母有义务和责任为孩子营造出文明有礼的家庭氛围。父母以身作则是对孩子最直接的教育。考虑到孩子可能从外界接触到脏话，父母应该未雨绸缪，教育孩子学会辨别脏话、拒绝说脏话。

邋遢大王就是 ta —— 不爱干净

一个孩子的仪容仪表，间接反映了他的教养和家庭氛围。因此，大部分家庭在孩子小时就引导孩子讲卫生、爱干净；在幼儿园里，老师也会教导孩子勤洗手、整理内务等。一个外表邋遢、不修边幅的孩子，难免要经受外界的冷眼相看。

> 理想的人是品德、健康、才能三位一体的人。

在孩子有自我意识之前，他的仪容仪表完全由父母控制，而父母是否讲卫生、爱干净，也会影响孩子的仪容仪表。一个干干净净、穿着得体的孩子的背后必然有一对爱干净、讲卫生的父母。

到了孩子开始有自我意识的时候，孩子重不重视仪容仪表，很大程度上也受到父母的影响。如果父母每天邋里邋遢，那么孩子潜意识里会觉得这样没什么不好，于是就学着父母的样子把自己也变得邋里邋遢。

当孩子把墨水弄得到处都是时，父母应先帮孩子把手上的墨水洗干净，然后教育孩子如果手上沾有墨水，不洗手就拿食物吃，那么墨水就会进到肚子里，造成肚子疼，严重的话还得去医院打针吃药。

父母应该明确告诉孩子：什么是干净，什么是邋遢；什么是应该学的，什么是应该抵制的。

父母在生活中的行为，会被孩子视为正确的、可作为准则的。因此，在引导孩子整理仪容仪表方面，父母必须以身作则。

"外表的整洁和文雅是内心纯洁和美丽的表现。"

有一部分父母认为，在孩子年幼的时候，就对孩子强调仪容仪表，容易让孩子养成挑剔、攀比的性格。实际上，父母需要学会把握"度"，我们所说的重视仪容仪表，第一要义是干净和整洁，并没有对特色、个性提出要求。个性化的穿搭，完全可以由孩子在成长过程中自行摸索。

误把"丑"当作"美"，是教育的失败，也是父母的引导不当。

孩子不讲卫生，容易生病；不修边幅，很可能遭到他人的嘲讽，不利于心理健康。

卫生意识

今晚回家让家里人把你的校服洗一下，你看，你的袖子上和胸前都是油点子。学生要爱干净。

知道了老师，我回家就告诉妈妈。

修边幅、爱干净，是社会对人们的普遍要求，父母有责任教导孩子领会这一点，并在生活中践行。

错误范例

你看看你的袖子多脏，快回家让你妈妈给你换一件吧。

有什么要紧的，我爸爸说多穿几天再洗。

父母不修边幅、不讲卫生的习惯容易带给孩子负面影响，让孩子在潜移默化中学会不修边幅、不讲卫生。

总 结

　　没有一个孩子想成为别人眼中的"邋遢大王"，正如没有一个父母希望别人评价自己为"不合格的父母"。一个孩子的仪容仪表展现了这个家庭的素养。因此，父母不仅需要重视孩子的仪容仪表和内务，让孩子变得干净整洁，而且要教导孩子爱干净、讲卫生，学会修饰、整理内务，为了以后的独立生活打下基础。

不说真话的"长鼻子怪" —— 不诚实

说到孩子理应培养的好品质，诚实一定不容忽略。很多父母都会在孩子小时候给他讲匹诺曹的故事，教育孩子要讲真话。在孩子尚未形成对规则的敬畏意识的时候，撒谎之于孩子就是"潘多拉的盒子"，如果孩子不改掉这一毛病，不仅容易破坏亲子关系，甚至可能引起更多更大的风波。

○ ○ ○ ○ ○ ○ ○ ○ ○ ○

你必须以诚待人，别人才会以诚回报。

没错，"善意的谎言"在某种程度上被人们倡导，但是当孩子尚不具备明确分辨善意和恶意的能力之前，撒谎是绝不被允许的。

有的孩子，小小年纪，撒起谎来信手拈来，抛开谎言的影响不谈，未免显得太"精"太油滑，会令人忍不住防备。这不是他应该做的事情。

当孩子犯错撒谎时，父母不要被孩子的眼泪所迷惑，可以根据孩子的微表情和小动作判断孩子是否在撒谎，并且立刻严肃起来，给孩子机会坦白。

> 父母在知道孩子撒谎后不应该因为孩子的辩解而忽略了这一行为的本质——撒谎，而应该温柔耐心地教育孩子：无论出于什么原因，都不能骗父母；主动坦白，自己并不会责罚他。

如果我们走诚实的道路，诚实地生活，那么我们一定会有一个好结果。

此外，父母也应该在"诚实做人"这一点上做好表率。如果爸爸经常撒谎，妈妈也不追究，那么孩子潜意识里会以为撒谎并不是一件需要警惕的事情。但是如果妈妈对爸爸撒谎的行为大发雷霆，在家中引起轩然大波，重重地威慑到孩子，那么孩子可能会吓得不敢撒谎，但是这一场面也会给孩子留下阴影，令孩子对撒谎这一行为产生过激反应。

很多孩子撒谎是为了推卸责任，担心自己受到他人的责骂和惩罚。

有时候，孩子撒谎并不一定是为了推卸责任，可能是出于本能对他人的撒谎行为进行模仿。

面对孩子撒谎，如果家长的态度不够坚决和严肃，那么就等同于向孩子表示撒谎没什么大不了的。

引导孩子理解善意的谎言，能够丰富孩子对谎言的认识，用别样的方式带孩子认识"善"、接受"善"。

总 结

　　父母应该教导孩子不撒谎、不骗人。在孩子撒谎后，父母要注意克制自己的脾气，先弄清孩子撒谎的原因，理解孩子撒谎的动机，然后针对孩子撒谎的行为对其进行批评和纠正。此外，父母在面对除孩子外的其他家庭成员撒谎时应该注意处理的态度，给孩子积极影响。

积极引导，让孩子从怕学习到爱学习

第六章

小小时间管理大师 —— 合理规划时间

时间管理对每个人来说都非常重要。善于管理时间的人，总能高效地完成任务，并取得良好成果。从上幼儿园开始，孩子就慢慢对时间有所认知。父母应该让孩子逐渐养成珍惜时间的良好意识和管理时间的良好习惯。

人生太短，要干的事太多，我们要争分夺秒。

在日常生活中，父母经常遇到这样的情况：自己一再催促孩子，但孩子却磨磨蹭蹭，不到最后一秒根本完不成任务。这仿佛是一场互不相让的角力，父母与孩子最后都疲惫不堪。

于是父母开始困惑，明明对孩子三令五申要珍惜时间，怎么孩子还会如此磨蹭懒散？明明自己做到了以身作则，向孩子展现时间管理的重要性，怎么却收效甚微？久而久之，父母对孩子关于时间管理的教导竟形同吹完则已的耳旁风。

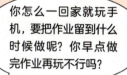

你怎么一回家就玩手机，要把作业留到什么时候做呢？你早点做完作业再玩不行吗？

没问题，但是你得好好写作业，可不能敷衍了事，不能粗心马虎。

妈妈，等我今天做完作业，你检查完了之后，我能不能看会儿手机？

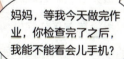

在孩子养成合理规划时间的习惯的过程中，父母给予适当的奖励有利于孩子的习惯养成。

具有时间观念并且能够合理规划时间的孩子，不仅能够在学习上把握先机，而且在生活中、事业上也能井井有条、目标明确，让父母省心。

趁我们还有精神的时候，学习迅速办事。

有些孩子之所以缺乏时间管理的意识，是因为他们没有感觉到高效率带来的成就感。培养孩子学会时间管理是一个循序渐进的过程。在亲子教育中，很多教育专家都提出在孩子成长的不同时期对孩子进行针对性培养的观念。比如在孩子处于 0～3 岁的婴儿期、3～6 岁的幼儿期、7～12 岁的童年期和 12 岁以上的青春期时，分别根据每个时期孩子对外界的认知来给他们分配一些力所能及的事，并有意识地培养他们的时间观念，让他们在做力所能及的事时体验到时间管理的用处。

孩子一般没有耐心，想要什么就立即要得到。父母要教导孩子学会等待，学会自控，但要注意不可使用过激的言语或行为。

当孩子尚未具有规划时间的能力的时候，父母可以通过明确日常流程来加深孩子"什么时候该做什么事"的印象。

拒绝过度娱乐

过度的娱乐和消遣，容易让自律性不强的孩子上瘾，这对于培养孩子的时间管理意识是大忌。

不盲目从众

在为孩子安排日程活动的时候，不要盲目跟从他人的规划和流程，要考虑孩子的兴趣和意愿。

总 结

　　良好的时间管理意识，不仅有利于孩子在成长过程中将学业摆在主要位置上，学会克制和自律，而且有助于孩子在漫长的人生中面对诸多事物时，分清轻重缓急，将自己的生活和事业打理得井井有条。而良好的时间管理意识的养成，需要父母在孩子年幼的时候就加以引导和教育，为孩子树立榜样，并在孩子迷茫的时候提出建设性的意见。如此，孩子能变得更优秀，父母也能变得更卓越。

学生的本职工作是学习，作业是业务能力的体现

孩子最主要的任务是学习。只有学好基础知识，培养好学习能力，他们才能与无知、粗鲁、茫然相脱离，才能知道自己真正的爱好和理想。而学习成果的直接体现就是作业。对于孩子而言，作业是其业务能力的体现；对于父母而言，作业是其了解孩子的学习情况的重要参照。

> 学而不思则罔，思而不学则殆。

作业是检测学生的知识掌握情况的重要方式。有的孩子对待作业的态度一丝不苟，每次都能交出优秀的作业，得到父母和老师的夸赞。

而有的孩子不仅自己写作业拖拉、思想不集中、字迹潦草、错误频出，而且对于父母的督促非常不耐烦，甚至还会因此与父母发生口舌之争。

当孩子不好好写作业时，父母不要和孩子"硬碰硬"，而应该使用迂回的激将法，激发孩子好好写作业的动力。

父母有必要引导孩子改变对于作业的态度，让孩子明白作业是对自己学习情况的检测，自己可以通过作业明白自己的不足，从而进行补差。父母应该教导孩子认真上好每一课、掌握每一个知识点，从而克服对作业的抵触心理。

什么是教育？简单一句话来说，教育就是要培养孩子良好的习惯。

有一部分父母认为，总是在孩子耳边念叨"写作业"是对孩子的一种折磨。关于这个问题，父母首先要明白，写作业是每一个学生应尽的义务，之所以会出现父母督促孩子写作业的一幕，肯定是因为孩子没有在写作业这件事情上端正态度，发挥主观能动性，没有做到合理安排时间，在这种情况下，父母的督促完全是情有可原的，责任在于孩子。如果孩子能够主动完成作业，父母又怎么会有这种纠结心理呢？所以父母千万不要本末倒置。

孩子在小的时候，最容易养成习惯，也最容易纠正不良的习惯。

作业的数量和难度都应该根据孩子的年龄特点和心理发展水平逐步增加。

适当提醒

作业有难度很正常，但是如果孩子长期觉得作业难，那么父母应该提醒他反省是不是自己不够认真、没有思考。

启发自觉

父母以身作则，为孩子树立榜样，对孩子的习惯养成有很大的促进作用。

总 结

　　处于成长阶段的孩子最重要的任务就是学习，而作业是检测其学习情况的最直接、最有效的手段。然而，写作业这个事成了不少孩子的"老大难"问题，令父母头疼。要让孩子养成认真写作业的习惯，父母要从孩子小时抓起，循序渐进，及时提醒孩子，纠正孩子的不当做法。当然，父母的言传身教在培养孩子认真写作业的习惯的过程中也会起到积极的作用。

眼到心到，帮孩子集中注意力

注意力不集中、做事容易分心是很多孩子的特点。这是因为孩子的神经系统发育还不完全。虽然这种注意力不集中的情况会随着孩子年龄的增长而逐渐改善，但是若没有相应的外界干预，孩子长大后的注意力也可能不如同龄人集中。很多父母都会在孩子写作业的时候强调"眼睛看作业，不要到处望"，实际上对于孩子来说，注意力是否集中不仅关乎眼睛看哪里，还在于心思在哪里。

> **天才，首先是专注力。**

注意力不集中的孩子往往有这几种表现：容易分心、小动作多、情绪冲动、缺乏目标。对此，很多父母使尽浑身解数来纠正孩子，但是采用的方法往往不得当，导致收效甚微。

而有的孩子就"坐得住"，能够一个人专心致志地写两个小时作业也不走神。一方面，这样的孩子可能本性文静、内敛；另一方面，他们的父母可能从小就有意识地培养他们集中注意力的好习惯。

父母要注意，不要在因孩子注意力不集中而生气时做出过激行为，可以通过一些温和的方式来纠正孩子，比如将取消孩子玩手机作为对孩子注意力不集中、没有及时完成作业的惩罚，使孩子积极主动地纠正自己的行为习惯。

面对注意力不集中、心思不在学习上的孩子，父母的反应很重要。如果父母都不以为意，又怎么能指望孩子重视起来，从而改变自己的行为习惯呢？

当然，父母的反应也要适当，不要看到孩子开小差就大发雷霆。这样一方面可能会造成亲子之间的误会，另一方面也容易激起孩子的逆反心理或使孩子对父母产生恐惧心理。

" 左手画圆，右手画方，则两不成。 "

有些父母每当和别人聊起孩子注意力不集中的问题的时候，总会自我宽慰，认为孩子长大后就不会出现注意力不集中的问题。实际上这种自我开解，对孩子的专注力的培养毫无益处，反而是变相地纵容孩子分心、散漫。当因孩子分心、散漫而造成的不良后果反映在成绩上时，他们才会真正地焦急，而那个时候，再想纠正孩子的行为习惯就难上加难了。

及时提醒

如果你一直在写作业的时候东张西望，静不下心来，那么今晚你将无法完成作业。

父母发现孩子出现注意力不集中的问题时，要及时提醒孩子改正。

你今天真是太棒了！

注意力训练

通过有针对性的注意力训练，孩子能在玩乐之中养成集中注意力的习惯。在注意力训练中，父母及时的鼓励和表扬也有利于增强孩子的积极性。

一次只做一件事

> 吃晚饭前的这段时间你全部用来写作业，如果作业写完了，饭后就带你下去玩。

　　人的精力都是有限的，如果一个人同一时段把精力分散到很多事情上面，就会严重消耗自己的注意力。

营造良好的家庭环境

> 它们在这儿会让你分心的。等你做完作业，你再把它们拿回来。

　　一个好的学习环境，有助于孩子集中注意力。父母应该在孩子的书桌上只摆放一些与学习有关的物品，比如一些必要的文具和书本。

总 结

　　对于孩子来说，注意力是否集中不仅关乎眼睛看哪里，还在于心思在哪里。虽然孩子的注意力情况会随着机体发育而改善，但是外界的良性干预也很有必要。孩子注意力不集中的时候，父母需要做出适当的反应，不要过激，但也不能忽视。父母首先得引导孩子明白专注学习的重要性，其次在日常生活中可以通过一些训练注意力的小游戏来培养孩子的专注力。当然，父母也可以通过为孩子创造良好的家庭环境来避免孩子分心、走神。

孩子的自信，需要父母的鼓励来激发

孩子在成长过程中，可能会遇到各种各样的困难。但是，无论生活发生什么变化，无论孩子遇到什么难题，父母都要鼓励孩子勇敢地去面对，用自信坚强的心态去迎接人生的挑战。只有这样，孩子才能走出迷茫，走向成功，赢得未来。

恢弘志士之气，不宜妄自菲薄。

自信，是一个人个人魅力的体现，能为人带来更多力量。自信对于一个孩子的学业和事业都很重要。自信的孩子往往能抓住更多的机会，改变自己的命运。

反观那些因为不当的家庭教育变得自卑、自负的孩子，因见识短浅而缩手缩脚的孩子，自视甚高而名不副实的孩子，他们都是不自信的，最终都要吃"不自信"的苦头。

在孩子考试失利、自我否定的时候，父母不应给孩子传递负面情绪，而应鼓励孩子吸取教训，再接再厉。

有些父母经常嘲笑自己孩子的缺点，这种做法对孩子的打击是最大的。他们有时候会这样说："我看你什么事情都做不好！""你连这么简单的知识都不懂，真是没用！"其实，这样的父母不是看不起自己的孩子，他们的初衷一定是想激励孩子，让孩子改正缺点，但是他们确实选错了方式。

一旦孩子内心有自卑感，孩子的生活就会充满冲突，随之出现的胆怯、退缩等不良个性，则会与孩子形影不离。

斯坦福大学的心理学教授曾经通过对上百个家庭的孩子进行调研，发现那些长大后消极自卑的孩子，他们的家庭教育环境有着惊人的相似之处，他们的家庭教育方式是不合理的。

如果父母经常数落孩子、对孩子期望过高、过分保护孩子，那么孩子很容易怀疑自己，在面对挫折时一蹶不振。

孩子需要的不是过分的保护，而是父母相信他们能做好一件事的信任。

父母应鼓励孩子独立生活、独立思考，让他们相信自己能做好任何事情，找到自己的价值。

鼓励孩子

人生的道路充满荆棘，当孩子面对困境时，父母要鼓励他们不断尝试，这比强迫更有作用。父母也可以告诉孩子：勇敢战胜昨天的恐惧就是今天的成功。

善于夸奖

父母不妨多给孩子一句夸奖，这带来的效果胜过十句唠叨和催促。

总 结

　　孩子的自信，需要父母的鼓励来激发。现代社会竞争压力大，人们普遍具有焦虑的情绪。一个良好、健康的心理状态更有利于人们适应社会生活。因此，父母应该及早意识到培养孩子自信的重要性，并通过鼓励、给予信任等方式来帮孩子建立自信，让孩子敢于表现自己，敢于争取机会，用乐观、自信、强大的内心来适应社会的变化和压力。

小小眼睛里的大大世界 —— 培养探究意识

到了中小学，孩子逐渐会接触到科学课、物理课、化学课等。这一类课程对孩子的探究思维提出了更高要求。然而，孩子如果在接触这些课程之前对探究毫无认知，那么恐怕在和这些课程的磨合上需要更多的时间。因此，父母在孩子启蒙时期就要有意识地引导孩子提问题，调动孩子的好奇心和求知欲，让他们用小小的眼睛慢慢探索大大的世界。

> 要培养自己孩子的智力，那你就得教会他思考。

人需要有求知好问的精神，方能了解更多的事实，消除更多的疑惑。埋头苦干、却不懂得抬头"看路"的人，不仅在日复一日的封闭中忙忙碌碌，而且容易因为不懂得"看路"而摔得头破血流。所以，父母应该让孩子走得慢一点、看得清一些，这样他们才能成长得更好。

当孩子提出关于自然现象的问题时，父母应耐心地向孩子解答，向孩子科普科学知识，不要因为孩子的问题幼稚而责备孩子。

当然，我们并不鼓励孩子全方位、无限制地提问。比如，有的孩子不喜欢写作业，专门在写作业的时间里问个不停；有的孩子喜欢问些冷门、稀奇古怪、不利于身心健康的问题。对此，父母有必要引导孩子进行恰当地提问。

"好奇是科学工作者产生无穷的毅力和耐心的源泉。"

不少孩子从小就有"好奇"的意识，不过囿于父母回答方式和态度的局限，这一意识很快就被扼杀于摇篮中。父母在面对孩子天马行空的问题时，应该多一些耐心和信心，拿出老师的派头进行回答。父母，不正是孩子的第一任老师吗？

带孩子见识和体验新事物，能够让孩子接触到现实探究环境，不仅有利于向孩子科普知识，也能激发孩子的求知欲。

培养孩子的探究意识，需要父母积极地鼓励孩子参与与科学相关的活动，让孩子在活动中体验探究的快乐。

引导观察生活

父母要引导孩子观察一些生活中的有科普价值的现象，引导孩子发现生活中的智慧，这样可以培养孩子的探究意识。

学会智慧回答

父母应该在回答孩子的问题时解释清楚，消除孩子的疑惑，让孩子真正明白道理。

总　结

当孩子心理发育到一定阶段时，会逐渐对外界好奇，进而产生问题并向身边人提问。父母理应认识到这一现象的重要性。如果孩子迟迟没有对外界有疑惑，父母应该引导孩子认识外界，逐渐将丰富的世界引入孩子小小的眼睛里。培养孩子的探究意识，是父母育儿的重要课题之一。父母首先需要摆正态度，然后通过各式、各样的问题培养孩子的探究意识，并为孩子创设探究环境，引导孩子在活动中体验探究和成功的滋味。当然，父母也应该学习智慧地回答孩子的提问。